Tania Konnerth

Ich schenk mir heute Blumen

W0057168

Tania Konnerth

Ich schenk mir heute Blumen

Die Kunst, sich selbst zu mögen

HERDER

FREIBURG · BASEL · WIEN

HERDER spektrum Band 6376

MIX
Papier aus verantwor-
tungsvollen Quellen
FSC® C106847

Titel der Originalausgabe: Ich schenk mir heute Blumen.
Die Kunst, sich selbst zu mögen
© Verlag Herder GmbH, Freiburg im Breisgau 2009
ISBN 978-3-451-07083-9

© Verlag Herder GmbH, Freiburg im Breisgau 2011
Alle Rechte vorbehalten
www.herder.de

Umschlagkonzeption: Agentur R·M·E Roland Eschlbeck
Umschlaggestaltung: Verlag Herder
Umschlagmotiv: © Stauke – Fotolia.com

Satz: Barbara Herrmann, Freiburg
Herstellung: fgb · freiburger graphische betriebe
www.fgb.de

Printed in Germany

ISBN 978-3-451-06376-3

Inhalt

Vorwort

»Freundschaft« – diesen Begriff bringen leider nicht allzu viele Menschen mit sich selbst in Verbindung. Immer wieder kommt es vor, dass wir mit uns selbst viel unfreundlicher umgehen als mit anderen. Statt gut für uns zu sorgen, lassen wir oft kein gutes Haar an uns.

Wenn Sie einmal ganz in Ruhe darüber nachdenken: Haben Sie eine solche Behandlung wirklich verdient?

Und überlegen Sie auch einmal: Sie sind der einzige Mensch auf der Welt, mit dem Sie jeden Augenblick Ihres Lebens verbringen werden. Lohnt es sich da nicht, sich selbst gut zu behandeln?

Ich möchte Sie mit diesem Buch dazu einladen, mit sich selbst Freundschaft zu schließen. Weil das Leben dadurch leichter und deutlich angenehmer wird – und weil Sie es wert sind!

Im Folgenden finden Sie zahlreiche Anregungen, die Ihnen dabei helfen, sich anders zu sehen als gewohnt.

Zunächst geht es darum, sich selbst überhaupt erst einmal wahrzunehmen. Dann gilt es, sich selbst ein Stück mehr kennenzulernen und darum, etwas besser zu verstehen, warum man genauso ist, wie man ist. Sinnvoll ist auch, einmal zu schauen, wie wir eigentlich mit uns selbst umgehen – dabei werden wir möglicherweise den einen oder anderen Schreck bekommen. Den meisten von uns ist nämlich gar nicht bewusst, wie schlecht sie sich selbst oft behandeln. Auf der Basis dieses neu gewonnenen Bewusstseins geht es dann darum, etwas zu verändern: Ja zu sich zu sagen, netter zu sich selbst zu sein und gut für sich zu sorgen – und das auch im Zusammensein mit anderen. Am Ende steht dann möglicherweise die Frage, was wir aus unserem Leben machen wollen.

Auf dass dieses Buch der Beginn einer wunderbaren Freundschaft werden kann!

Tania Konnerth

Auf der Suche nach dem besten Freund

Es war einmal ein kleiner Junge, dessen Mutter Folgendes zu ihm sagte: »Du darfst nie deinen besten Freund vergessen. Sei immer für ihn da; er ist der wichtigste Mensch in deinem Leben.«

»Aber wer ist denn mein bester Freund?«, fragte der kleine Junge.

»Das musst du selbst herausfinden«, antwortete die Mutter und strich ihrem Sohn liebevoll über den Kopf.

So ging der Junge hinaus in die Welt, um seinen besten Freund zu suchen. Er traf viele Menschen – junge und alte, nette und unfreundliche, solche, die es gut mit ihm meinten und solche, die ihn nicht mochten. Zu jedem war er nett und tat, was immer er für sie tun konnte.

So wurde der Junge langsam erwachsen, aber seinen besten Freund hatte er noch immer nicht gefunden.

Eines Tages fühlte sich der Mann, der er

inzwischen geworden war, sehr traurig. Er hatte eine liebende Ehefrau, zwei Kinder, viele Bekannte und auch Freunde, er hatte eine große Familie und so waren ständig Menschen um ihn herum. Dennoch spürte er, dass er den Rat seiner Mutter bisher noch nicht wirklich befolgt hatte. Seinen wahren, besten Freund hatte er noch nicht gefunden.

In diesem Moment nahm er etwas aus dem Augenwinkel wahr. Er wandte den Kopf und sah sein eigenes Spiegelbild in der Fensterscheibe. Und da erkannte er, wer der so lange gesuchte Freund war.

Ich und ich – da ist jemand

»Ich« sagen wir, aber was verbinden wir mit diesem »Ich«? Was sehen wir in uns?

Tatsächlich ist dieses »Ich« für viele Menschen diffus. Viele denken nicht darüber nach, was sie für sich selbst sind, andere lehnen das, was sie mit »Ich« verbinden, ab und gestehen sich selbst nicht dieselben Rechte wie anderen zu.

Warum also nicht damit beginnen, sich selbst einmal ganz bewusst als »Ich« wahrzunehmen? Als Person. Als Mensch.

»Manche gehen nur ganz selten in sich.

Sie kommen sich dort wie ein Ausländer vor.«

ERNST FERSTL

Erste Annäherung

»Hallo, wer bist denn du?«

Sich selbst einmal so anschauen, als träfe man auf einen Fremden. Sich offen und freundlich auf diese Begegnung einlassen.

– Wie sieht diese Person aus?
– Was fällt mir an ihr als Erstes auf?
– Was sieht man ihr an?
– Wie wirkt diese Person?
– Wer ist diese Person?
– Was hat diese Person zu sagen?
– Was hat sie erlebt?

Neugierig sein auf die Person, die sich da zeigt – vielleicht lässt sich etwas bislang Unbekanntes an ihr entdecken?

Was macht einen Menschen aus?

Was ist es, das einen Menschen ausmacht?
– Ist es das, was man von außen sehen kann?
– Ist es, was ein Mensch tut?
– Ist es, was er sagt?
– Ist es, was andere über ihn sagen?
– Ist es die Summe der Entscheidungen, die dieser Mensch trifft?
– Sind es die Erfahrungen, die dieser Mensch macht?
– Ist es das, was dieser Mensch in seinem Leben lernt?
Und:
Was macht *mich* aus?

Nicht besser und nicht schlechter als andere

Warum nur gelten für viele von uns, was unsere eigene Person angeht, so gänzlich andere Spielregeln als die, die wir anderen gegenüber einhalten? Warum sind wir so unfreundlich uns selbst gegenüber? Warum erwarten wir so viel von uns und sind nie mit uns zufrieden? Warum hadern wir ständig mit uns und finden uns zu dick, zu hässlich, zu dumm, zu ungeschickt …?

Um einen guten Neuanfang zu schaffen, müssen wir lernen, Mitgefühl für uns zu entwickeln und uns selbst als Menschen wahrzunehmen, nicht als Über- und nicht als Untermensch, sondern schlicht als ganz normales, menschliches Wesen.

Können wir einen solchen Blick auf uns wagen?

Selbstbewusstsein und Selbstwertgefühl

Viele von uns leiden an einem geringen Selbstbewusstsein. Wir fühlen uns schnell verunsichert, haben das Gefühl, ständig unterlegen zu sein und schrecken davor zurück, auch mal für uns einzustehen.

Die Quelle eines mangelnden Selbstbewusstseins ist ein geringes Selbstwertgefühl. Wer von sich glaubt, kein guter Mensch zu sein oder wer sich selbst nicht leiden kann, wird sich naturgemäß schwer damit tun, selbstsicher aufzutreten.

Selbstbewusstes Auftreten erwächst aus einem gesunden Verhältnis zu sich selbst. Und dieses wiederum hat Selbstannahme zur Grundlage. Es beginnt also alles damit, mit sich selbst Freundschaft schließen zu können.

Aber …

»Aber ich will doch nicht eingebildet werden!«

»Aber ich will kein Egoist sein.«

»Aber ich will nicht nur an mich denken.«

»Aber ich will nicht selbstsüchtig sein.«

»Aber ich bin nun wirklich nichts Besonderes.«

»Aber man hat mir beigebracht, dass ich nicht an mich selbst denken darf.«

All diese Abers verschließen uns den Weg zu einem gesunden Selbstwertgefühl.

Es geht nicht um Selbstsucht, nicht um Egoismus, sondern einfach nur darum, sich selbst anzunehmen, um ein gutes Verhältnis zu sich selbst zu gewinnen.

Ich verdiene es, nett zu mir zu sein

Warum ich es verdiene, mich selbst gut zu behandeln:
– Weil es mich gibt.
– Weil ich an mir arbeite.
– Weil ich mein Bestes gebe.
– Weil ich etwas bedeute.
– Weil ich wertvoll bin.
– Weil ich liebenswert bin.
Weil ich, wie jeder andere Mensch, ein Recht darauf habe, respektvoll und angemessen behandelt zu werden.

Ich bin wichtig

Der folgende Gedanke ist für viele neu: dass wir selbst nicht nur ein sehr wichtiger, sondern im Grunde sogar der wichtigste Mensch überhaupt für uns sind.

Überlegen Sie einmal: Sie sind der einzige Mensch, mit dem Sie jeden Augenblick Ihres Lebens verbringen werden. Sie sind immer da und werden immer wieder auch mit sich selbst allein sein. Sie sind der einzige Mensch, mit dem Sie sich immer auseinandersetzen müssen.

Wäre es da nicht besser, sich zu mögen?

Sich anzunehmen?

Gut zu sich selbst zu sein?

Besser mit mir als gegen mich

Wie wird Freundschaft mit sich selbst möglich?
- Wir könnten aufhören, gegen uns selbst zu kämpfen.
- Wir könnten milder werden im Umgang mit uns selbst.
- Wenn etwas schiefgeht, könnten wir aufmunternd lächeln und uns selbst sagen: »Nächstes Mal klappt es besser!«
- Wir könnten uns trösten, wenn es uns nicht gut geht.
- Wir könnten uns Mut zusprechen, wenn wir nicht weiterwissen.

Und hin und wieder könnten wir zu uns sagen: »Ich mag mich.«

Kein Retter in Sicht?

Viele erhoffen sich, dass irgendwann ein Mensch kommen und sie glücklich machen wird. Dass ein anderer ihnen Erfüllung und Sinn schenkt.

Dieser Gedanke ist eine Illusion. Noch dazu eine, die wahre Zufriedenheit verhindert. Denn solange wir auf den Ritter in goldener Rüstung warten, vernachlässigen wir, in uns selbst zu suchen, was wir brauchen.

Retten können wir uns nur selbst.

»Kein Mensch kann einen anderen retten.«

Joyce Carol Oates

Wer bin ich eigentlich?

Sich selbst kennenzulernen, die eigene Persönlichkeit zu erforschen und zu erkennen, wer man wirklich ist – das sind Aufgaben, die viele Menschen erstmals im Rahmen einer Therapie angehen. Dabei lohnt es sich durchaus, ganz von sich aus damit anzufangen.

Sich selbst kennenzulernen ist eines der spannendsten Abenteuer, auf die wir uns einlassen können. Denn indem wir erkennen, wer wir sind, erforschen wir unser Sein in seiner Tiefe. Und im Erkennen dessen, was uns ausmacht, können wir uns verstehen und lieben lernen.

Eigenheiten

Meine Eigenheiten sind das, was mir eigen ist.

Das, was ich mir angeeignet habe.

Das, was ich mir zu eigen gemacht habe.

Eignen sich meine Eigenheiten? Ist es gut für mich, so zu sein, wie ich bin?

Ist es überhaupt wichtig, ob es gut ist? Zählt nicht viel mehr, ob ich gerne bin, wer ich bin? Dass es mir guttut, so zu sein, wie ich bin?

Und wenn das nicht der Fall ist, wer wäre ich lieber und warum?

Ein Fragebogen für Anfänger

Meine Lieblingsfarbe:
Mein Lieblingstier:
Meine Lieblingsspeise:
Mein Lieblingseis:
Mein Lieblingsduft:
Mein Lieblingssong:
Mein Lieblingsbuch:
Mein Lieblingsfilm:
Mein Lieblingsland:
Mein Lieblingssport:

Ein Fragebogen für Fortgeschrittene

Das früheste Erlebnis, an das ich mich erin-
nern kann:
Ein ganz normaler Abend in meiner Kindheit:
Meine ersten Reiseerinnerungen:
Der Tag meiner Einschulung:
Meine besten Freunde in der Schulzeit:
Wer mich als Kind am meisten geärgert hat:
Drei Stichworte zu meiner Jugend:
Meine erste große Liebe:
Was ich dachte, als ich 14 war:
Wodurch ich erwachsen wurde:
Was mir heute wichtig ist:
Wohin ich noch im Leben will:

Ein Fragebogen für Mutige

Eine Sache, die wohl kaum jemand an mir mag:

Die drei besten Eigenschaften, die mich ausmachen:

Der größte Fehler meines Lebens:

Die drei besten Taten meines Lebens:

Das traurigste Erlebnis meines Lebens:

Die drei schönsten Erlebnisse meines Lebens:

Der schmerzlichste Abschied meines Lebens:

Die drei schönsten Neuanfänge in meinem Leben:

Ein Fragebogen für die, die es wirklich wissen wollen

Das Wichtigste im Leben ist:
Das Schlimmste, was mir passieren könnte:
Was ich vom Leben erwarte:
Was ich von anderen Menschen erwarte:
Was ich bin:
Was ich sein möchte:
Meine größte Angst:
Meine größte Hoffnung:

Stärken und Schwächen

Schön zu wissen: was ich alles kann, worin ich gut bin, was andere an mir schätzen. All das ist mein. Manches davon ist mir geschenkt worden, vieles habe ich mir erarbeitet. Ich kann stolz auf meine Stärken sein.

Meine Schwächen sind Potenziale. Lernfelder, Ausbaureserven, Entwicklungsspielraum.

Und bei der Bewertung nie vergessen, dass viele Eigenschaften zwei Seiten haben.

»Halsstarrigkeit ist eine schlechte Eigenschaft, doch Beharrlichkeit eine gute.«

Sir Thomas Browne

Stärken sammeln

Gerade wenn man dazu neigt, sich selbst eher abzuurteilen, ist einem der Blick auf die eigenen Stärken verwehrt. Vor lauter negativen Bildern sieht man gar nicht, was man alles Positives zu bieten hat.

Deshalb einmal für einige Tage alle positiven Eigenschaften und Fähigkeiten sammeln, die man an sich findet:

»Ich habe gerade festgestellt, dass ich ein gutes Kurzzeitgedächtnis habe – ich kann mir mehrere Telefonnummern gleichzeitig merken.«

»Mir fällt auf, dass ich geduldig bin, z. B. wenn sich Kunden bei mir beschweren.«

»Mir wird bewusst, dass ich unter Stress einen klaren Kopf bewahren kann und handlungsfähig bleibe.«

Eine solche Liste kann man immer weiter vervollständigen.

Potenziale notieren

Für das, was uns negativ an uns auffällt, können wir eine Liste erstellen, die beschreibt, was wir Positives daraus machen können:

»Ich setze mir zum Ziel, meine Unpünktlichkeit in den nächsten vier Wochen abgelegt zu haben.«

»Ich überlege mir, wie ich das Chaos, das ich immer wieder auf meinem Schreibtisch veranstalte, zukünftig in den Griff bekommen kann.«

»Ich will lernen, mein Temperament zu zügeln und ruhig zu bleiben, auch wenn ich mich angegriffen fühle.«

Was uns an uns nicht gefällt, können wir ändern. Wenn uns das den Aufwand nicht wert ist, sollten wir es einfach akzeptieren.

Stimmungssache

Himmelhochjauchzend, zu Tode betrübt und alles, was dazwischen ist – Stimmungen kommen und gehen.

Nicht alle meine Stimmungen kann ich verstehen, manche von ihnen muss ich einfach annehmen. Mit ihnen leben, so wie ich damit lebe, dass auch meine Lieben mal missgestimmt sind.

Nicht alles verstehen wollen

Manche Stimmung in uns, manche Gefühle und manche Reaktionen können wir nicht verstehen. Das müssen wir auch nicht.

Oft reicht es, einfach Ja zu sagen zu der Traurigkeit, der schlechten Laune oder der Müdigkeit. Und uns ein Stück weit einfach dem hinzugeben, was in uns ist. Es sein zu lassen und damit uns sein zu lassen.

Dann ziehen solche Stimmungen und Gefühle einfach weiter wie Wolken am Himmel.

Wer wohnt da in mir?

Im allgemeinen Sprachgebrauch reden wir hin und wieder von Stimmen in uns. Das kann man weiterdenken und sich vorstellen, dass in uns gleichsam verschiedene Personen leben. Sie sind Teil unserer Persönlichkeit, aber in gewisser Hinsicht auch eigenständig.

So tragen Sie vielleicht einen Spaßvogel in sich, weil Sie die Erfahrung gemacht haben, dass Sie mit ihm schwierige Situationen auflockern können. Oder haben einen Sparsamen in sich, weil Sie immer zu wenig Geld hatten. Oder es gibt einen Aggressiven in Ihnen, durch den Sie sich gegen andere behaupten können.

Einfach mal schauen, wen man alles in sich selbst entdeckt ...

Die vielen Seiten in mir erforschen

Wer in mir sagt so etwas wie »Das war ja wohl nichts«? Wie wäre es, sich einmal zu überlegen, wie dieser Teil in uns aussehen könnte, und ihn dann zu fragen: »Warum sagst du das?«

Wer in mir denkt »Ich werde nie Erfolg haben« oder »Ich werde nie einen Lebenspartner finden«? Was ist das für eine Person und warum empfindet sie so? Kann ich sie besser kennenlernen und verstehen?

Und wer flüstert leise in mir: »Ich fühle mich so allein«? Was braucht dieser Teil von mir und kann ich es ihm geben?

Wie gut, dass ich auch so sein kann!

Es gibt auch sehr hilfreiche Persönlichkeits-anteile in uns, bei denen es sich lohnt, sie einmal näher kennenzulernen:

Den Weisen in uns – unser lebenskluger Anteil, der über viel Erfahrung verfügt und vieles weiß. Ihn können wir um Rat fragen.

Den Kämpfer in uns – ein Anteil, der uns Kraft gibt, Projekte durchzuziehen oder für uns selbst und andere einzustehen.

Die Mutter in uns – ein fürsorglicher Anteil in uns, der gerne für andere da ist.

Das Kind in uns – ein verletzlicher Teil, um den wir uns gut kümmern müssen und der uns einen frischen, unbefangenen Blick auf die Welt schenkt.

Den inneren Kritiker treffen

Einmal ein ganz besonderes Treffen arrangieren – und zwar mit dem eigenen inneren Kritiker. Der innere Kritiker wohnt als Teil unserer Persönlichkeit in uns. Von ihm hören wir so etwas wie »Das kannst du nicht« oder »Du bist einfach nicht gut genug« oder auch »Du bist schlecht«.

Warum tut er das?

Könnte es sein, dass er uns schützen will? Vor Enttäuschungen? Vor der Kritik anderer? Vor dem Versagen? Dann wird es Zeit, ihm klarzumachen, dass er oft derjenige ist, der uns am allermeisten schadet. Ihn symbolisch einmal in den Arm zu nehmen und ihm in aller Freundschaft zu sagen, dass es so nicht weitergehen kann, lässt unseren inneren Kritiker in Zukunft angemessener mit uns umgehen.

Zeit für eine neue innere Person

Für den Fall, dass Sie noch keinen inneren Anwalt besitzen, ist jetzt genau der richtige Moment, ihn zu entwickeln.

Stellen Sie sich jemanden vor, der voll und ganz für Sie einsteht. Der zu jeder Zeit für Sie da ist und der Sie nach außen, aber auch nach innen vertritt. Der z. B. Ihrem inneren Kritiker erklären kann, warum Sie einen Fehler gemacht haben und dass Sie in Zukunft Ihr Bestes geben werden, um ihn zu vermeiden. Der Sie selbst und auch andere auf Ihre positiven Seiten aufmerksam macht und jeden Richter milde stimmt.

Einen solchen inneren Anwalt kann jeder gebrauchen.

Warum bin ich, wie ich bin?

Die Frage danach, wer man selbst eigentlich ist, bringt einen sehr schnell auch zu der Frage, warum man so ist, wie man ist.

Diese Art von Selbstergründung kann sehr heilsam sein.

Indem wir begreifen, warum wir bestimmte Entscheidungen getroffen haben, warum wir uns auf eine bestimmte Weise verhalten und warum wir sagen, was wir sagen, bekommen wir die Möglichkeit, uns zu überlegen, ob wir weiterhin so sein wollen oder ob es Sinn macht, sich zu verändern.

Warum mache ich das?

Manche unserer Verhaltensweisen möchten wir am liebsten gar nicht haben, aber sie sind einfach da.

Vielleicht rauchen wir, obwohl wir wissen, dass das ungesund ist, oder wir reagieren unwirsch, wenn unsere Mutter auftaucht, oder wir schimpfen mit unserem Kind wegen Kleinigkeiten, obwohl wir uns immer wieder vornehmen, das nicht mehr zu tun. Vielleicht erwischen wir uns dabei, wie wir uns wieder in sorgenvolle Grübeleien verlieren, oder wir schieben Sachen auf, die endlich erledigt werden müssten oder … oder … oder …

Statt mit sich zu schimpfen, weil ein guter Vorsatz wieder einmal nicht eingehalten wurde, könnten wir uns fragen: Warum tue ich das eigentlich? Verstehen kann lösen.

Ein Blick in die Vergangenheit

»Man begegnet der Zukunft mit der eigenen Vergangenheit.«

Pearl S. Buck

Ein Blick zurück zeigt mir meine Geschichte. Das, was ich erlebt habe, hat mich geprägt. Von den Menschen, mit denen ich Zeit verbracht habe, habe ich gelernt – Gutes wie Schlechtes. Ich habe Geschenke erhalten, schöne und schmerzhafte. Ich habe vieles geschafft und manches nicht. Ich habe bekommen und mir wurde genommen.

Ich habe mich entwickelt.

Meine Vergangenheit zeigt mir den Weg, den ich gegangen bin und der mich hierher brachte. Hier, wo ich jetzt stehe als der Mensch, der ich jetzt bin.

Wunden erkennen

Ich habe Wunden erlitten wie jeder andere Mensch. Manche sind schnell wieder geheilt, andere schmerzen noch heute.

Meine Wunden zeigen mir meine Verletzlichkeit. Nicht immer kann ich mich davor schützen, verletzt zu werden, denn das würde bedeuten, mich vom Leben abzuschneiden. Leben heißt, das Risiko einzugehen, manchmal auch Wunden davonzutragen.

Aber meine Wunden sind ja nicht alles im Leben. Sie sind nur ein Teil. Und jede Verletzung, die ich überstehe, zeigt mir: Da ist etwas in mir, das es mir ermöglicht, weiterzugehen.

Lücken orten

Genauso wichtig wie zu erkennen, von welchen Wunden wir innere Narben zurückbehalten haben, ist, einmal zu überlegen, welche Lücken es in unserem Leben gab und gibt.

– Was fehlte uns früher?
– Was fehlt uns heute?
– Wer hat uns was versagt?
– Von wem haben wir uns was erhofft?
– Was haben wir uns als Kind sehnlichst gewünscht und nie bekommen?
– Was ist heute unsere größte Sehnsucht?

Und wie können wir heute diese Lücken schließen?

Bedürfnisse erkennen

Als Kinder waren wir darauf angewiesen, dass andere unsere Bedürfnisse erkennen und erfüllen. Mit dem Erwachsenwerden können wir immer besser selbst entscheiden, was wir brauchen, und dafür sorgen, dass wir es bekommen ... – vorausgesetzt, wir sind bereit, uns wirklich mit uns selbst zu befassen!

Sich selbst ein guter Freund zu sein, heißt auch, sich zu fragen:

Was brauchst du heute?

Was kann ich heute für dich tun?

Wer mich geprägt hat

Im Laufe unseres Lebens verbringen wir Zeit mit vielen Menschen – mal mehr, mal weniger. Manche Bekanntschaften sind flüchtig, andere Menschen hinterlassen einen tiefen Eindruck in uns.

Mal überlegen, wer mich alles geprägt hat und warum.

– Meine Eltern?
– Geschwister?
– Andere Familienmitglieder?
– Lehrer?
– Freunde?
– Feinde?
– Liebespartner?
– Vorgesetzte?
– Wer noch?

Was mich geprägt hat

Und nicht nur die Bekanntschaften in unserem Leben hinterlassen Spuren, sondern auch unsere Taten.

– Wofür wir uns entschieden haben.
– Was wir getan haben.
– Was wir unterlassen haben.
– Woran wir beteiligt waren.
– Was wir vorangetrieben haben.
– Wofür wir uns eingesetzt haben.
– Woran wir gescheitert sind.

»Unsere Taten reisen uns noch lange nach. Die Summe des Bisherigen macht uns zu dem, was wir jetzt sind.«

GEORGE ELIOT

Was ist tabu für mich?

Wesentliches in unserem Verhalten und unseren Werten stammt aus dem, was uns als Tabus vermittelt wurde. Aus ihnen entwickeln wir Ansprüche an uns selbst und andere und im Scheitern an diesen Ansprüchen dann Schuldgefühle, Scham und Selbstabwertung. Meist sind diese Dinge tief in uns vergraben.

Es braucht viel Mut, sich den eigenen Tabu-Themen zu stellen.

Aber in der konstruktiven Auseinandersetzung mit ihnen steckt die große Chance, sich von den Tabus zu lösen, die unserem Leben und dem der anderen nicht dienen. Und mit ihnen von all den Ansprüchen und Auflagen, die wir daraus für uns selbst abgeleitet haben.

Was war mir wichtig – und was ist es noch?

Aus meiner Geschichte kann ich herauslesen, was mir wichtig ist:

Wie ich mich an Weggabelungen meines Lebens entschieden habe, sagt z. B. viel darüber aus, was mir wichtig war und was nicht.

Ich kann dann versuchen zu begreifen, warum mir manches so wichtig ist. Wenn ich verstehe, dass viele meiner heutigen Verhaltensweisen oder Überzeugungen ihre Wurzeln in meiner Vergangenheit haben, eröffnet mir das die Möglichkeit, mich heute vielleicht anders zu entscheiden. Nur weil ich früher etwas wollte oder nicht wollte, muss das auch heute noch so sein. Ich darf mich verändern.

So kann ich heute vielleicht erkennen, dass mir manches, was ich immer wieder in meinem Leben suche, gar nicht guttut.

Wie ich mit mir umgehe

Nur wenige Menschen sind sich darüber bewusst, wie gut oder schlecht sie mit sich selbst umgehen. Denn unser Verhalten uns selbst gegenüber ist weitestgehend unbewusst.

Aber nur, was uns bewusst ist, können wir auch ändern.

Fest steht, dass die meisten von uns nicht bereit wären, sich von einem anderen so behandeln zu lassen, wie wir uns selbst oft behandeln.

Das glauben Sie nicht? Dann schauen Sie doch einfach mal genauer hin.

Sich selbst einmal von außen sehen

Um zu erkennen, wie wir mit uns selbst umgehen, ist es hilfreich, hin und wieder mal
neben sich zu treten und sich so zu sehen,
als wäre man jemand anders.

Diesen Blickwinkel »von außen« einzuneh-
men muss man erst üben, aber es ist gar nicht
so schwer. Beginnen Sie mit einfachen Situationen, wie z. B. dass Sie sich selbst sehen,
wie Sie dieses Buch in der Hand halten und
darin lesen oder wie Sie am Waschbecken
stehen und sich die Zähne putzen. Mit der
Zeit können Sie sich dann auch z. B. in
Gesprächen mit anderen in den Blick nehmen oder in Ihrem Verhalten zu sich selbst.

Und da wird es so manches zu sehen
geben, was Sie nicht vermutet hätten …

Wenn ich mich anschaue – was sehe ich?

Die meisten von uns hadern mit ihrer äußeren Erscheinung. Wer findet sich selbst schon schön?

Warum aber erwarten wir von uns, perfekt zu sein und allen Schönheitsidealen zu entsprechen, wo das doch unmöglich ist? Warum sind wir selbst unsere gnadenlosesten Kritiker und weisen uns auf jedes Pölsterchen, jeden Pickel und jede Haarsträhne hin, die nicht richtig liegt?

Warum nicht vielmehr beim nächsten Blick in den Spiegel freundlich lächeln und uns selbst etwas Nettes sagen? Warum sich nicht selbst in die schönen Augen schauen statt auf die vielleicht nicht perfekt geformte Nase?

Was ich über mich denke

Was denke ich über mich selbst?
Wer bin ich und gefällt mir, wer ich bin?
Wer möchte ich sein und warum?
Wer gebe ich oft vor zu sein und warum tue ich das?
Kann ich mich positiv sehen oder kann ich mich selbst nicht leiden?
Wie könnte ich das ändern?
Wie kann ich lernen, gut von mir zu denken?

Wie ich mit mir rede

Viele von uns führen ständig Selbstgespräche und merken gar nicht, wie schlecht wir darin mit uns umgehen.

Was sagen Sie sich, wenn Sie etwas tun? Reden Sie sich gut zu oder werten Sie Ihr Verhalten und Ihre Leistungen eher ab?

Wenn Sie erkennen, dass Sie nicht gerade nett mit sich selbst reden, nehmen Sie einmal die Position eines guten Freundes ein und schauen Sie sich mit einem liebevollen Blick selbst über die Schulter.

Statt »Wie blöd von mir« sagen Sie »Das wird schon«, oder statt »Ich kann das nicht« lieber »Ich kann das lernen.«

Vorsicht: Verallgemeinerungen!

Und wenn Sie schon dabei sind, Ihre Selbst-gespräche etwas genauer unter die Lupe zu nehmen, dann achten Sie einmal darauf, wie stark Sie in Ihrer Selbstbewertung zum Ver-allgemeinern neigen. Damit nämlich tun wir uns selbst Unrecht.

Statt: »Immer komme ich zu spät« lieber »Bisher bin ich häufig zu spät gekommen«.

Statt: »Ich werde das nie schaffen« lieber »Bis jetzt kann ich das noch nicht«.

Statt: »Ständig mache ich Fehler« lieber »Ich lerne noch«.

Statt: »Keiner kann mich leiden« lieber »Manche Menschen mögen mich nicht, andere dafür sehr«.

Vorsicht: Selbstprogrammierung

Auch eine böse Falle: sich selbst immer und immer wieder auf das ungeliebte Verhalten zu programmieren, z. B. indem wir so etwas sagen wie:

»Ich bin fett.«

»Ich bin neurotisch.«

»Ich bin Choleriker.«

»Ich bin stinkfaul.«

»Ich bringe nichts zustande.«

Wenn wir uns so etwas immer und immer wieder selbst sagen, beginnen wir irgendwann daran zu glauben, dass es wahr ist. Schlimmstenfalls werden wir das, was wir erleben und was uns begegnet, immer mehr im Hinblick auf diese negativen Grundaussagen interpretieren und uns dann tatsächlich immer mehr in die betreffende Richtung entwickeln.

Sorgenstopp

Eine sehr verbreitete Strategie, sich selbst das Leben schwer zu machen, sind Sorgen.

Viele Menschen nehmen immer das Schlimmste an: Der Partner, die Partnerin kommt zu spät und man befürchtet, er oder sie sei verunglückt. Unser Kind will mit uns sprechen und wir denken gleich, es will uns mitteilen, dass es in der Schule sitzenbleibt. In der Firma gibt es Probleme und man sieht sich bereits auf dem Arbeitsamt.

Natürlich werden wir immer wieder Probleme zu lösen haben, aber statt sich selbst mit Horrorbildern zu belasten, ist es viel ratsamer, sich Mut zu machen. Ein bisschen mehr Vertrauen entlastet ungemein.

Was tue ich, wenn ich einen Fehler mache?

Schimpfe ich dann mit mir selbst
   oder tröste ich mich?
Mache ich mir ein schlechtes Gewissen
   oder mache ich mir Mut?
Bin ich sauer auf mich
   oder versuche ich, mich aufzuheitern?
Hadere ich mit mir
   oder schaue ich, was ich aus der Situation
   lernen kann?
Vergeude ich Energie damit, mich selbst fertigzumachen
   oder nutze ich sie produktiv?
Es gibt viele verschiedene Wege, mit Fehlern
umzugehen.

Wenn ich etwas vorhabe

Wie gehe ich mit mir um, wenn ich mir etwas vornehme?

Ich könnte mich ermutigen, statt mir Angst zu machen.

Ich könnte an mich glauben, statt mir nichts zuzutrauen.

Ich könnte meine Fähigkeiten realistisch einschätzen, anstatt nur auf das zu schauen, was ich nicht kann.

Ich könnte mir einen Plan machen, wie ich das Ziel erreichen kann, anstatt meine Kraft dafür zu investieren, mir einzureden, dass ich es eh nicht schaffen werde.

Ich kann mir Hilfe holen, wenn ich es allein nicht hinbekomme.

Was bedeutet ein Misserfolg für mich?

Bin ich ein schlechter Mensch, weil ich an einer Sache scheitere oder ist mein Scheitern nicht einfach nur menschlich?

Traue ich mir nun gar nichts mehr zu oder fühle ich mich herausgefordert, jetzt erst recht loszulegen?

Nagt der Misserfolg an meinem Selbstbewusstsein oder kann ich es schaffen, daraus Kraft für einen zweiten Versuch zu gewinnen?

Ziehe ich mich zurück oder suche ich mir Rat und Tat, um beim nächsten Mal erfolgreich zu sein?

Und: Wer entscheidet eigentlich darüber, was ein Misserfolg ist und was nicht?

Sind andere immer besser als ich?

.

Vielen von uns würde es deutlich besser gehen, wenn wir aufhören könnten, uns mit anderen zu vergleichen. Nicht nur, dass wir dabei oft in unseren Augen schlecht abschneiden – viel entscheidender ist, dass es keinen Sinn macht!

Jeder von uns ist einzigartig. Niemand kann so reden wie wir, niemand kann so tanzen wie wir, niemand kann so schreiben wie wir, niemand sieht so aus wie wir, niemand kann eine Sache exakt so machen wie wir. In allem drückt sich unsere Individualität aus und diese Individualität ist es, die uns ausmacht.

»Es ist durchaus möglich, anders zu sein als die anderen und doch vollkommen in Ordnung zu sein!«

ANNE WILSON SCHAEF

Wenn ich mich selbst am meisten brauche ...

Was tun Sie, wenn Sie spüren, dass Sie krank werden oder wenn Sie schwach und müde sind?

Viele Menschen treiben sich selbst dann gnadenlos an und beschimpfen sich noch dafür, nicht so leistungsfähig zu sein, wie sie es von sich erwarten.

Freundschaft mit sich selbst zu schließen heißt auch, sich Schwäche zuzugestehen. Mehr noch: In solchen Situationen für sich selbst da zu sein. Gut für sich zu sorgen. Und sich auch einfach mal in Ruhe zu lassen.

Was denke ich, dass die anderen denken?

Was ich denke, wie andere über mich denken, hat vor allem mit einem zu tun: nämlich damit, wie ich über mich selbst denke.

Wer sich selbst nicht mag, kann meist auch nur schwer glauben, dass jemand anderes ihn mögen kann.

Wer sich selbst peinlich findet, geht davon aus, dass es auch andere tun.

Wer nicht gerne mit sich selbst zusammen ist, glaubt, dass andere ihn ebenfalls meiden.

Wer sich selbst hässlich findet, denkt auch, dass andere ihn wenig anziehend finden.

Wir sollten also anfangen, uns selbst anders zu sehen – dann werden wir auch glauben, dass andere uns anders sehen.

Was ich mir selbst verbiete

Erschreckend, wie streng wir oft zu uns selbst sind – viel unnachgiebiger, als wir es je jemand anderem gegenüber wären.

Finden Sie heraus, was Sie sich so alles verbieten, indem Sie die Satzanfänge »Ich darf nicht ...« oder »Es ist verboten ...« so oft vervollständigen, bis Ihnen nichts mehr einfällt:

Ich darf nicht zeigen, dass ich traurig bin.

Ich darf nicht an mir zweifeln.

Ich darf keine Schokolade essen.

Es ist verboten, aufzugeben.

Es ist verboten, Angst zu haben.

Es ist verboten, Fragen zu stellen.

...

Ich sollte ...

Es gibt Sätze, die wir uns selbst wie Daumen-
schrauben anlegen. Solche Sätze beginnen
z. B. mit »Ich sollte ...«.

Vervollständigen Sie wieder mit dem, was
Ihnen einfällt.

Ich sollte weniger essen.

Ich sollte fleißiger sein.

Ich sollte einen besseren Job haben.

Ich sollte nicht immer so feige sein.

Ich sollte mich besser durchsetzen können.

Ich sollte ...

Spüren Sie, was Sie sich mit diesen »Solls«
antun.

Ich könnte …

Viel schöner, als oft unerfüllbare Forderungen an uns zu stellen, ist, uns selbst zu zeigen, welche Möglichkeiten wir haben. Auf diese Weise nehmen wir uns so an, wie wir sind, öffnen aber dennoch Türen zur Veränderung.

Ich könnte netter zu mir sein.

Ich könnte gut für mich sorgen.

Ich könnte ein Unternehmen gründen.

Ich könnte mir einen tollen Job suchen.

Ich könnte eine Sprache lernen.

Ich könnte um die Welt reisen.

Ich könnte meinem Nachbarn sagen, dass ich ihn nett finde.

…

Zeit für Veränderung

Genau jetzt ist der richtige Zeitpunkt, zu sich selbst ein besseres Verhältnis zu bekommen.

Warum? Weil wir keinen Moment länger als nötig schlecht zu uns selbst sein sollten. Kein Mensch hat verdient, sich selbst abzulehnen.

Es lohnt sich, sich auf diese neue Beziehung zu sich selbst einzulassen, denn sie kann unser Leben verändern.

Was ich ändern will

Einmal überlegen, wie mein Verhältnis zu mir idealerweise aussehen könnte:
- Wie würde ich gerne mit mir selbst umgehen?
- Wie mit mir reden?
- Was möchte ich für mich tun?
- Wie möchte ich für mich sein?

Sich einmal vorstellen, wie es sich konkret äußern würde, wenn man sich selbst wirklich mag – und genau das dann angehen.

Realismus tut gut

Die Bewertung der eigenen Person erfolgt häufig aus einem Knäuel von Gefühlen heraus. Aus ihm entwickeln wir Überzeugungen über uns, die uns leider oft auf sehr einfache Bewertungsmuster reduzieren, wie z. B. »Ich bin ein Versager« oder »Ich bin wertlos«.

Hier hilft nur eins: realistisch werden. Lernen, die eigene Vielfalt wahrzunehmen, mit all den Facetten, die sie zu bieten hat.

Wir sind viel mehr, als wir uns selbst oft glauben machen wollen – vor allem sind wir viel mehr wert.

Selbstbewusstsein ist ...

Ein Vorschlag für eine neue Definition:

Selbstbewusstsein heißt, sich seiner selbst bewusst zu sein, sprich: nicht einfach nur selbstsicher aufzutreten, sondern sich selbst gut zu kennen. Wollen wir also selbstbewusster werden, kommen wir nicht darum herum, uns selbst besser kennenzulernen.

Selbsterkenntnis ist ein lebenslanger Prozess – wir lernen nie aus. Fangen wir also am besten gleich damit an!

Zwiegespräch

Schreiben Sie sich selbst einen Brief:

Liebes Ich,
   was ich dir immer schon mal sagen wollte:
   ...

Sagen Sie, was Sie von sich halten und wie Sie sich von sich selbst behandelt fühlen. Bringen Sie auch zum Ausdruck, wie Sie es lieber hätten.
   Suchen Sie Verstehen und Verständigung – mit sich selbst.

Wer ist schuld?

Eine ewige Quelle innerer Zwietracht: unsere Schuldgefühle.

»Ich bin schuld daran, dass mein Kind so schlecht in der Schule ist.«

»Weil ich sie nicht besuche, ist meine Mutter einsam.«

»Es ist meine Schuld, dass sich meine Freundin im Kino gelangweilt hat, weil ich den Film vorgeschlagen habe.«

»Meinetwegen ist der Kollege zu spät zu seiner Besprechung gekommen.«

Wenn wir wollen, können wir uns für alles die Schuld geben – tatsächlich schuldig sind wir deshalb noch lange nicht!

Energie sparen – nicht nur beim Strom

Selbstvorwürfe sind pure Energieverschwendung, denn was passiert ist, ist passiert. Es nützt niemandem, wenn wir uns damit fertigmachen, einen Fehler begangen zu haben.

Viel sinnvoller ist es, aus Fehlern zu lernen.

Also statt »Ach hätte ich doch nur nicht …« lieber »Ich lerne daraus …« und statt »Wie konnte mir das nur passieren?« lieber »Wie kann ich das in Zukunft vermeiden?«.

So nutzen wir die Auseinandersetzung mit gemachten Fehlern konstruktiv.

Verzeihen lernen

Ein wichtiger Schritt, den ich vor allem für mich selbst tun muss: Lernen, anderen zu verzeihen.

Mit meinem Groll auf andere schade ich mir selbst am meisten, denn solange ich nicht verzeihen kann, können Verletzungen nicht heilen und der innere Schmerz bricht immer wieder auf. Erst das Loslassen und mein Vergeben ermöglichen, dass die Wunden sich schließen.

Die verletzende Begebenheit wird dadurch nicht besser, aber sie kann nicht mehr so großen Schaden anrichten.

»Wer an seinem Schmerz festhält, bestraft sich letzten Endes selbst.«

Leo F. Buscaglia

Sich selbst verzeihen

Es scheint, als ob viele von uns Buch führen würden über alles, was sie in ihrem Leben falsch gemacht haben, über jedes Versagen, alle Misserfolge und jegliches Fehlverhalten. Jede Schwäche wird gnadenlos aufgeführt und als Bestätigung dafür genommen, nicht viel wert zu sein.

Es ist Zeit, diesen Rechenschaftsbericht abzuschließen. Eine Buchhaltung dieser Art ist nicht nur schmerzlich, sie ist auch unfair. Auf der Gegenseite wäre nämlich all das anzurechnen, was wir im Leben schon geschafft haben, was wir alles Gutes getan haben, was uns gelungen ist und was wir bewältigt haben.

Noch besser: nicht aufzurechnen, sondern sich Fehler zu verzeihen und sich am Positiven freuen.

Wie sehe ich die Welt?

Nicht nur, wenn es darum geht, Freundschaft mit sich selbst zu schließen, sondern eigentlich in so ziemlich allen Fragen der Lebensgestaltung geht es letztlich darum, sich grundsätzlich zu entscheiden:

Glaube ich an den Mangel oder an den Überfluss?

– Glaube ich daran, mir selbst genug geben zu können?

– Glaube ich daran, dass es genug Liebe auf der Welt gibt, um selbst geliebt zu werden?

– Glaube ich, dass das Leben ganz viel zu bieten hat?

– Glaube ich daran, selbst genug geben zu können?

Fortschritte

Auf dem Weg zur Veränderung ist es wichtig, auch kleine Fortschritte wahrzunehmen und zu würdigen.

- Anerkennen, wenn man sich einmal nicht selbst geschimpft hat, obwohl man etwas Dummes getan hat.
- Wahrnehmen, wenn man sich etwas Schönes gegönnt hat, ohne ein schlechtes Gewissen zu haben.
- Erkennen, wenn man die ungerechtfertigte Zurechtweisung nicht auf sich hat sitzen lassen.
- Bewusst fühlen, wenn man gut für sich gesorgt hat.

Jeder einzelne Schritt besiegelt die neue Freundschaft.

Nur scheinbar ein Widerspruch …

Die hohe Kunst der Freundschaft mit sich selbst besteht darin, sich selbst wichtig zu nehmen, ohne sich selbst zu wichtig zu nehmen.

Was wie ein bloßes Wortspiel wirkt, beinhaltet eine Erkenntnis, die Sinn ergibt, wenn wir lernen, uns selbst wichtig genug zu nehmen. Indem wir unseren eigenen Wert anerkennen und danach handeln, fallen immer mehr Verhaltensweisen weg, die aus unseren Ego-Bedürfnissen stammen. Wir haben es dann nicht mehr nötig, ständig um Aufmerksamkeit zu heischen, wir können es aushalten, wenn jemand nicht gut auf uns zu sprechen ist und wir können sogar solchen Menschen einen netten Gedanken schenken, die wir eigentlich nicht mögen.

Indem wir lernen, unsere eigenen Töpfe zu füllen, haben wir genug für andere.

Ein Ja zu mir

Der Weg ist bereitet, sich selbst anzunehmen.

Wäre es nicht schön, einfach Ja zu sich selbst sagen zu können? Ein Ja ohne Wenn und Aber. Ein heilendes, nährendes, wohltuendes Ja.

Ein Ja auch zu unseren Schwächen und Fehlern. Ein Ja zu dem, was wir sind.

So ein Ja bildet die Basis der Freundschaft zu uns selbst.

Punkte sammeln

Meine Stärken:
    Womit ich anderen helfen kann:
    Was ich alles gelernt habe:
    Was ich anderen erklären kann:
    Meine guten Taten:
    Wofür ich mich eingesetzt habe:
    Für wen ich da war:
    Meine Erfolge:
    Erreichtes:
    Überwundende Schwierigkeiten:
    Bewältigte Krisen:
    Worauf ich besonders stolz bin:

Den Körper wertschätzen

Da wir uns als Ganzes oft nur diffus wahrnehmen, ist es hilfreich, sich einmal des Wer-
tes einzelner Körperteile bewusst zu werden.

Überlegen Sie doch einmal, was Ihre Füße
Ihnen alles ermöglichen:

– Ihre Füße tragen Sie durchs Leben.
– Auf ihnen können Sie gehen, stehen und
  tanzen.
– Sie können mit ihnen den Tau auf dem
  Gras fühlen.
– Sie können mit ihnen Ihren Partner strei-
  cheln.
– Sie können mit ihnen wohlige Wärme spü-
  ren.
– Und Massagen genießen.

Vielleicht ist es Zeit, öfter mal an Ihre Füße
zu denken?

Was ich an mir liebe

Überlegen Sie doch mal, was all Ihre Körper-
teile für Sie tun, am besten schriftlich:
– Ich liebe meine Füße, weil …
– Ich liebe meine Hände, weil …
– Ich liebe meine Augen, weil …
– Ich liebe meine Ohren, weil …
– Ich liebe meinen Mund, weil …
– Ich liebe mein Gehirn, weil …
Unseren ganzen Körper auf diese Weise ein-
mal durchzugehen, macht uns unseren eige-
nen Wert deutlich.

Was ich schon alles für mich getan habe

Und noch mehr gibt es an sich selbst zu schätzen. Überlegen Sie einmal:
- Was habe ich alles schon für mich gelernt:
- Welche Erfolge habe ich für mich erzielt:
- Was habe ich ganz allein für mich erreicht:
- In welchen Situationen habe ich mich für mich selbst durchgesetzt:
- In welchen Situationen bin ich für mich eingestanden:
- Wann habe ich für mich oder meine Werte gekämpft:

Noch mehr gute Gründe, sich selbst dankbar zu sein.

Ich werde geliebt

Sich einmal klarmachen, wie vielen Menschen wir etwas bedeuten.

Wer mich alles mag:

Wer alles meine Nähe sucht:

Wer mich um Rat fragt:

Wer alles mit mir befreundet ist:

Wer mir vertraut:

Wer mich liebt:

Hier an alle Menschen denken, mit denen wir zu tun hatten und noch haben – in der Vergangenheit und im Jetzt.

Ich bin besonders

Den folgenden Satz einmal ganz bewusst wahrnehmen und fühlen:

Niemand ist wie ich.

Unter all den Milliarden Menschen auf der Welt gibt es mich nur ein einziges Mal.

Ich bin einzigartig.

Ich bin ich. Nicht mehr und nicht weniger. Und das ist gut so.

Eine liebevolle Bilderreise

Einmal die alten Fotoalben oder Kisten hervorkramen und sich dann Fotos von sich aus den verschiedensten Zeiten heraussuchen – ein Babyfoto, eines als Kleinkind, eines mit etwa sieben oder acht Jahren, eines mit 10, dann eines aus der Pubertät, eines vom Schulabschluss, eines mit 20 und weitere Fotos etwa im Fünf-Jahres-Abstand.

Legen Sie diese Fotos dann alle in eine Reihe und lassen Sie sie auf sich wirken. Nehmen Sie den Menschen dort mal mit einem gewissen Abstand wahr. Fragen Sie sich, wie es dem Menschen auf dem Bild gerade ging, wie er sich fühlte und was er erlebte. Versetzen Sie sich ganz hinein in die Zeit und Situation, in der das Bild entstand.

Und dann fühlen Sie mit sich selbst mit.

Ein Blick auf die eigene Persönlichkeit

– Was unterscheidet mich von anderen?
– Was macht mich zu dem, was ich bin?
– Wofür stehe ich?
– Welche Werte sind mir wichtig?
– Was macht mich aus?
Was möchte ich, das man von mir sagt?
Wofür würde ich am liebsten bekannt sein?

Selbstakzeptanz

Ja sagen zu mir heißt, mich anzunehmen, wie ich bin.

Mich selbst anzunehmen schließt nicht aus, weiter an mir zu arbeiten. An mir zu arbeiten, heißt aber nicht, zu meinem größten Kritiker zu werden.

Ich kann mich und mein Tun würdigen und darauf aufbauen. Ich kann Kraft aus meinem Ja zur mir selbst schöpfen.

Ich sage mir: Ich gebe immer mein Bestes – das, was mir gerade möglich ist.

Mein Sein

Noch einen Schritt weiter gehen: Mich selbst in meinem Sein nicht nur annehmen, sondern meine Existenz als ein kleines Wunder betrachten.

Das Wunder des Lebens ist das Wunder meines Lebens.

Ich bin und ich darf sein.

Ich bin und ich will sein.

Ich bin und ich will ich sein.

Freundschaft schließen

Warum nicht heute einen offiziellen Freundschaftspakt mit sich selbst schließen?

»Liebes Ich,
du bist der wichtigste Mensch in meinem Leben und ich möchte gerne dein Freund sein.
Magst du auch?
Dein Ich«

Zum laut Lesen – jeden Tag

»Du bist ein Kind des Universums, genau wie die Bäume und die Sterne; du hast ein Anrecht darauf, hier zu sein.«

MAX EHRMANN

Ich bin jetzt einfach nett zu mir

Freundschaft mit sich selbst zu schließen, beginnt mit der Entscheidung, netter zu sich selbst zu sein – in Gedanken und in Taten.

Die ersten zaghaften Versuche, sich selbst etwas besser zu behandeln, sind gar nicht so einfach. Aber sie bilden die Basis einer Freundschaft mit uns selbst.

Jeder kleine Gedanke, jede kleine Tat hilft dabei.

Knigge für den Umgang mit sich selbst

»Ich lasse mir von mir selbst nicht alles gefallen.«

Viktor E. Frankl

Zunächst geht es um nicht viel mehr als um gutes Benehmen:

Lernen, sich selbst freundlich um etwas zu bitten und sich auch bei sich selbst zu bedanken. Versprechen an sich selbst zu halten und aufgestellte Regeln zu befolgen. Sich nicht selbst in die Pfanne zu hauen, sondern fair zu sein.

Sie finden, das ist selbstverständlich? Für viele Menschen keineswegs!

Vollkommenheitsansprüche loslassen

Von mir selbst nichts Übermenschliches erwarten, keine Perfektion.

Mensch sein, heißt, Fehler zu machen, und ich darf Mensch sein. Ich muss kein Übermensch sein, damit ich mich annehmen kann.

Der Anspruch, perfekt zu sein, kann lähmen und ersticken.

Würden wir von einem Freund erwarten, dass er perfekt ist oder würden wir ihm Fehler zugestehen und sie ganz normal finden?

So sehe ich aus

Unser Körper und sein Aussehen sind für viele von uns eine ständige Quelle von Selbstvorwürfen. Sie fühlen sich zu dick oder zu dünn, zu groß oder zu klein, nicht muskulös genug – kurzum: zu hässlich.

Es ist nicht immer leicht, sich dem zu entziehen, was uns in den Medien als Schönheitsideal vermittelt wird. Hier hilft nur, sich klarzumachen, dass speziell bei den Bildern in Zeitschriften, Film und Fernsehen kaum etwas ist, wie es scheint. Der Schönheit wird nachgeholfen, ob mit dem Messer, mit Pillen oder schlicht einem Computerprogramm zur Bildbearbeitung.

Die wahre Herausforderung und die große Chance liegen darin, sich mit dem eigenen Äußeren auszusöhnen.

Affirmationen, die guttun

Affirmationen sind positive Sätze, die man sich immer wieder selbst sagt und die durch die Wiederholung immer vertrauter und mit etwas Glück auch wahrer für uns werden.

- Mein Körper gehört zu mir und ich sage ja zu ihm.
- Mein Bauch gehört zu mir und ich sage ja zu ihm.
- Mein Hintern gehört zu mir und ich sage ja zu ihm.
- Meine Oberschenkel gehören zu mir und ich sage ja zu ihnen.
- Meine Nase gehört zu mir und ich sage ja zu ihr.
- Meine Haare gehören zu mir und ich sage ja zu ihnen.
- Ich gehöre zu mir und ich sage ja zu mir.

Ich werd älter – na und?

Neben unerreichbaren Schönheitsidealen wird in der Medienwelt auch der Jugendwahn zelebriert. Und schon wieder können wir mit uns selbst hadern, denn schließlich wird keiner von uns jünger.

Aber überlegen Sie mal: Möchten Sie wirklich nochmal 16 sein? Hat Ihr Alter nicht sehr viel zu bieten? Haben Sie sich auf dem Weg bis heute nicht weiterentwickelt und können Sie nicht stolz darauf sein, wo Sie stehen?

Leben heißt älter werden.

Wohlwollend über sich selbst denken und reden

Immer wieder darauf achten, wie wir selbst mit uns sprechen.

»Ich dumme Kuh.«

»Ich Trottel!«

»Ich kann gar nichts.«

»Ich bin einfach zu blöd.«

Würden Sie so auch mit einem Freund reden? Was würden Sie ihm oder ihr sagen?

»Ist doch nicht so schlimm!«

»So was passiert jedem mal.«

»Das nächste Mal klappt es wieder besser.«

Wohlwollend auch über andere denken

Mindestens genauso wichtig, wie netter über sich selbst zu denken, ist es, auch darauf zu achten, nicht schlecht über andere zu denken und zu reden.

Wer schlecht über andere denkt oder redet, geht fast immer auch davon aus, dass andere dasselbe auch mit ihm tun.

Wer hingegen das Positive an anderen Menschen wahrnimmt und ihnen einen netten Gedanken schenkt, dem fällt es deutlich leichter, sich vorzustellen, dass andere ihm wohlgesonnen sind.

Einfach mal ausprobieren …

Lauter nette Gedanken

– »Ich bin okay.«
– »Ich bin ein guter Mensch.«
– »Es ist schön, dass es mich gibt.«
– »Ich mag mich.«
– »Andere mögen mich.«
– »Ich stehe zu mir.«
– »Ich bin mir wichtig.«
– »Ich bin ich.«

Tun, was man für einen guten Freund tun würde

Einmal überlegen, was man alles für die beste Freundin oder den besten Freund tun würde:
- Da sein, wenn man gebraucht wird.
- Trösten, wenn er oder sie traurig ist.
- Ermutigen, wenn er oder sie verzweifelt ist.
- Daran erinnern, was er/sie alles erreicht hat.
- Loben, wenn er oder sie etwas gut gemacht hat.
- Stolz auf ihn oder sie sein nach einer erbrachten Leistung.

Warum nicht mit sich selbst genauso sein?

Sich verwöhnen

Sich einmal selbst aus Herzenslust verwöhnen – mit guten Gedanken, liebevollen Gesten und allem, was dazugehört.
– Sich selbst etwas Nettes sagen,
– sich Blumen schenken,
– eine Tafel richtig guter Schokolade auswählen,
– sich ein heißes Bad einlassen,
– sich selbst die Füße massieren,
– sich selbst einen Wunsch erfüllen.

Ein Fest für mich

Einmal im Jahr ein Fest für sich feiern. Die meisten Menschen tun das bereits und zwar an ihrem Geburtstag.

Aber wie bewusst ist uns eigentlich, dass es an diesem Tag darum geht, unsere Existenz zu feiern? Die Tatsache, dass es uns gibt?

Feiern Sie diesen Tag auch wirklich gebührend?

Da dieser Tag allein unser eigener ist, sollten wir ihn so verbringen, wie wir es möchten. Feiern Sie also so, wie es Ihnen gefällt, statt Ihren Geburtstag vor allem für andere auszurichten.

Für Freude im Leben sorgen

Wäre das nicht eine lohnenswerte Aufgabe:
  Einmal täglich sich selbst und jemand anderem eine Freude bereiten?
- Eine Postkarte schreiben – uns selbst und jemand anderen.
- Eine Blume pflücken – für uns selbst und für jemand anderen.
- Ein schönes Gedicht abschreiben – für uns und für jemand anderen.
- Einen Kuchen backen – für uns und für jemand anderen.
- Lächeln – für uns und für jemand anderen.

Ich sorge gut für mich

Eigentlich eine Selbstverständlichkeit, aber viele Menschen versorgen sich selbst sehr schlecht. Sie essen nicht regelmäßig oder nicht genug, strafen sich damit, dass sie sich Neuanschaffungen versagen und denken immer erst an andere, bevor sie sich selbst etwas gönnen.

Hier gilt es umzudenken, denn sich selbst ein guter Freund zu sein, heißt eben auch, gut für sich zu sorgen – und das auf allen Ebenen.

Respekt, bitte!

Ich kann erwarten, von anderen respektvoll behandelt zu werden.

Nicht jeder muss mich mögen, aber ich habe, so wie jeder andere auch, das Recht auf einen gewissen Grundrespekt.

Den sollte ich mir selbst nicht versagen – respektvoll sich selbst gegenüber zu sein, ist eine Selbstverpflichtung, die sich lohnt.

Nachsichtig mit sich selbst sein

Viele Menschen haben sich selbst gegenüber besonders hohe Erwartungen und Ansprüche. Was immer sie auch leisten, es ist nie zufriedenstellend.

Geht es Ihnen auch so? Dann haben Sie hier eine exzellente Möglichkeit, ab sofort besser für sich zu sorgen.

Es gilt, die eigenen Leistungen zwar realistisch, aber auch mit einem nachsichtigen, liebevollen Blick zu beurteilen, so, wie Sie auch das Tun eines Freundes bewerten würden. Bei ihm könnten Sie gute Leistungen viel eher würdigen, meinen Sie nicht?

Für Balance sorgen

»Ich bin entschlossen, im Lot zu bleiben.«
Lucy Stone

Gut für mich zu sorgen heißt, darauf zu achten, dass ich mich weder über- noch unterfordere. Wer zu viel zu tun hat, gerät unter Stress; wer zu wenig tut, hat Langeweile. Ideal ist ein bunter Mix, in dem Forderungen und Erholung in einem ausgeglichenen Verhältnis stehen.

Einfach mal auf einem großen Blatt Papier all das notieren, was man an Aufgaben, an Lebensbereichen und Rollen auszufüllen hat. Kennzeichnen, was einen Kraft kostet und was Energie schenkt. Sich auch überlegen, worauf man in Zukunft vielleicht verzichten will und was man ab sofort in sein Leben einladen möchte.

Wie sind meine Arbeitsbedingungen?

Es lohnt, einmal einen genaueren Blick auf die eigenen Arbeitsbedingungen zu werfen, denn nur wenn wir auch hier gut für uns sorgen, sind wir auf Dauer leistungsfähig:

- Wenn Sie am Schreibtisch arbeiten, haben Sie dort einen guten Stuhl?
- Ist Ihr Arbeitsplatz auf Ihre Körpermaße abgestimmt?
- Entsprechen die Geräte und die Einrichtung ergonomischen Maßstäben?
- Können Sie ungestört arbeiten oder werden Sie durch Lärm oder Gerüche gestört?
- Können Sie Pausen machen, bei denen Sie sich wirklich erholen?
- Sorgen Sie für eine gute Verpflegung?
- Macht Ihre Arbeit Ihnen Spaß?
- Gibt sie Ihnen ein gutes Gefühl?

Sich selbst motivieren

Es gibt unzählige Bücher darüber, wie man Mitarbeiter/innen oder Teammitglieder motivieren kann. Verantwortungsvolle Führungskräfte wissen sehr gut, was sie an ihren Leuten haben und lassen sich einiges einfallen, damit die Motivation auch gerade in schwierigen Zeiten erhalten bleibt.

Genau das kann man auch mit sich selbst machen: sich überlegen, was einen besonders gut motiviert. Vielleicht etwas, was man sich als Belohnung in Aussicht stellt? Oder ein gut durchdachtes Pausensystem nach dem Motto »Ich arbeite jetzt eine Stunde konzentriert durch und darf dann 30 Minuten in dem neuen Krimi lesen«?

Sich selbst einmal als besten Mitarbeiter sehen und mit diesem Bild im Kopf handeln.

Sich selbst etwas schenken

Nicht einfach nur etwas kaufen, sondern sich ganz bewusst selbst ein Geschenk machen. Eine Freude. Einen Wunsch erfüllen.
– Sich ein neues Parfüm aussuchen.
– Sich einen Buchgutschein besorgen und dann genussvoll einlösen.
– Sich etwas Schönes zum Anziehen kaufen.
– Etwas für die Wohnung besorgen.
– Sich selbst zum Essen einladen.
– Sich eine kleine Reise schenken.

Was tue ich für meine Gesundheit?

»Wenn ich geahnt hätte, dass ich so lang leben würde, hätte ich besser auf mich aufgepasst.«

Eubie Blake

Ausgewogene Ernährung, Sport und andere gesundheitsfördernde Maßnahmen – all das verbinden die meisten nicht gerade mit Spaß. Dennoch sollten wir wenigstens einige von ihnen befolgen – unserer Gesundheit und damit uns selbst zuliebe.

Das Problem ist, dass wir unsere Gesundheit oft erst dann wirklich zu schätzen wissen, wenn sie gefährdet ist. Sich selbst ein guter Freund zu sein heißt, aktiv zu werden.

Gesundes Essen und Genuss schließen einander nicht aus und Sport muss nicht zwingend anstrengend sein, sondern kann richtig guttun.

In Bewegung bleiben

Auch wenn der erste Schritt oft schwerfällt – wenn wir gut für uns sorgen wollen, müssen wir für Bewegung und Ausgleich sorgen. Und auch hier gibt es einen freundlichen Weg: sich eine sportliche Betätigung suchen, die einem Spaß macht.

Wichtig ist, dass es nicht um Leistung geht, also nicht darum, in einer festgesetzten Zeit bestimmte Maßstäbe zu erfüllen. Vielmehr geht es darum, zu erfahren, wie gut Bewegung tun kann.

Sich hier einen Freundschaftsdienst zu erweisen heißt, einmal ganz verschiedene Sport- und Bewegungsmöglichkeiten auszuprobieren und dann die zu wählen, die am besten zu einem passt.

Für Pausen und Erholung sorgen

Was würden Sie einem guten Freund sagen, der sich ständig verausgabt? Würden Sie sich um seine Gesundheit sorgen, um seine Psyche? Hätten Sie Angst, dass er auf Dauer ausbrennt?

Würden Sie ihm raten, öfters Pausen zu machen?

Würden Sie ihm empfehlen, auch mal an sich selbst zu denken, und dafür zu sorgen, die Batterien aufzuladen?

Würden Sie ihm einen Urlaub empfehlen oder vielleicht sogar eine Kur?

Macht es vielleicht Sinn, sich das auch einmal selbst zu sagen?

Gut geschlafen?

Schlaf bringt uns Erholung, aber nur dann, wenn er gut und tief ist. Nun betten sich viele Menschen selbst alles andere als komfortabel und entziehen sich so diese wichtige Kraftquelle.

Einmal überlegen: Wie kann ich meinen Schlaf verbessern?

– Mit einer guten Matratze?

– Mit einem guten Kopfkissen?

– Indem ich dafür sorge, dass der Raum frei von Störquellen und elektronischen Geräten ist?

– Indem ich ein Zubettgeh-Ritual einführe und mir beispielsweise ein warmes Fußbad und Entspannungsmusik gönne?

Lernen Sie, sich liebevoll selbst zu Bett zu bringen.

Berührungen genießen

Jeder von uns braucht Berührungen. Sie streicheln nicht nur unseren Körper, sondern auch die Seele.

- Zärtlichkeiten mit dem Partner austauschen.
- Die Freundin in den Arm nehmen.
- Sich von der Mutter über den Kopf streicheln lassen.
- Ein Kind kitzeln.
- Sich eine Massage gönnen.
- Sich selbst liebevoll eincremen.
- Den Hund streicheln.
- Die Katze auf den Schoß lassen.

Tun, was einem wichtig ist

Was uns wichtig ist, schenkt uns Sinn. Und Sinn zu erleben, ist eine Quelle von Zufriedenheit.

Wenn wir uns also selbst ein guter Freund sein wollen, geht es auch darum, dass wir uns ermöglichen, Sinnvolles zu tun. Wir sollten unsere Zeit nicht aus Angst oder Streben nach Sicherheit mit Dingen verbringen, die keinen echten Wert für uns haben, sondern konsequent daran arbeiten, das zu tun, was uns wirklich etwas bedeutet.

»Wirklich wichtig im Leben ist, dass der Mensch etwas hat, womit er sich beschäftigt, etwas, das er liebt und etwas, worauf er hofft.«

Joseph Addison

Abwechslung ist das halbe Leben

Hin und wieder tut es gut, raus aus den ein-
gefahrenen Gleisen zu kommen und für
Abwechslung zu sorgen.

Also mal was anders machen als sonst,

mal etwas unternehmen, was man noch nie
gemacht hat,

sich auf ein Abenteuer einlassen,

mutig sein,

etwas wagen.

Sich anregen und inspirieren lassen.

Das Lernen lieben

Eines der schönsten Abenteuer im Leben ist das Lernen. Nur versagen wir es uns oft, weil wir denken, wir wären zu alt dafür.

Lernen ist aber nicht nur etwas für Kinder – im Gegenteil.

Sich selbst immer wieder etwas Neues beizubringen, sich neue Herausforderungen zu suchen und nie aufzuhören, wissbegierig zu sein, ist ein echter Freundschaftsdienst für sich selbst.

Kreative Quellen

Und auch das gehört dazu, wenn wir gut für uns sorgen wollen: Uns selbst die Möglichkeit zum kreativen Ausdruck zu geben.
- Malen und zeichnen.
- Fabulieren und dichten.
- Singen und musizieren.
- Tanzen und Schauspielern.
- Nähen und stricken.
- Handerwerkeln und schreinern.
- Basteln und Tüfteln.
- Ideen entwickeln und Sachen erfinden.

Jetzt lass ich mich mal ganz in Ruhe

Unendlich wohltuend:

Sich mal nicht zu pushen, nichts von sich zu erwarten, sich nicht selbst anzutreiben. Nicht mit sich selbst zu schimpfen, nicht an sich herumzunörgeln und nicht an all das zu denken, was man noch tun sollte.

Stattdessen auf dem Sofa oder in der Hängematte liegen, tagträumen, die Seele baumeln lassen und einfach nur sein.

Sich einen Rückzugsort schaffen

Es ist gut, einen Platz ganz für sich allein zu haben.

Einen Ort, an den man sich zurückziehen kann, wenn einem alles zuviel wird. Einen Ort, an dem man Ruhe und Geborgenheit findet und neue Kräfte sammeln kann.

Einen Ort, den man ganz nach seinem Geschmack gestalten kann und an dem es nur Sachen gibt, die einem gefallen. Ein Ort, so individuell wie man selbst.

Gut für sich zu sorgen heißt auch, einen solchen Platz für sich zu finden und ihn liebevoll einzurichten.

Darf's noch ein bisschen Optimismus sein?

Auch ein Wohlfühlfaktor: Sich das allzu Schwarzseherische abzugewöhnen.

Warum?

Weil es einem viel besser tut, wenn man den Fokus auf die positiven Seiten des Lebens legt. Und die gibt es überall.

Was kann ich in dieser Situation lernen?

Was ist gut an dem, was gerade passiert?

Wie werde ich mich fühlen, wenn ich diese Herausforderung gemeistert habe?

Gerne leben

Und warum sich nicht einfach erlauben, gerne zu leben! Das Leben schön zu finden, bunt und reich. Es zu genießen, dass man da ist.
– Alles zu sehen, was es zu sehen gibt.
– Alles zu hören, was es zu hören gibt.
– Alles zu riechen, was es zu riechen gibt.
– Alles zu schmecken, was es zu schmecken gibt.
– Alles zu fühlen, was es zu fühlen gibt.

»Küss das Leben, wenn du kannst.«

Uwe Böschemeyer

Vorsorgeplan einmal anders

Sich einmal überlegen, wie man auch in schlechten Zeiten gut für sich sorgen kann.
- Was kann ich tun, wenn ich traurig bin?
- Was kann ich machen, wenn ich mich einsam fühle?
- Wo finde ich Rat, wenn ich nicht weiterweiß?
- Wer wird für mich da sein, wenn mich etwas aus der Bahn wirft?
- Wie kann ich gut für mich sorgen, wenn ich krank werde?
- Was brauche ich, wenn es mir nicht gut geht?
- Was kann mich wieder aufmuntern?

»Gute Taten und heiße Bäder sind das beste Mittel gegen Depression.«

Dodie Smith

Lachend leben

Eine wundervolle Möglichkeit, gut für sich selbst zu sorgen: Lernen, die Dinge von der humorvollen Seite zu sehen.

Lachen kann man über sich selbst,
mit anderen zusammen,
über alle möglichen Situationen
und über das Leben selbst.

Selbst dann, wenn wirklich alles schiefläuft, lässt sich oft noch etwas finden, was uns wenigstens ein kleines Lächeln auf die Lippen zaubert. Und dieses Lächeln ist wie ein Samen – es kann viel daraus erwachsen.

Gut für sich sorgen: Rezept für Fortgeschrittene

Drei Vorsätze für eine aktive Lebensgestaltung:

Vorsatz Nummer 1: Schluss mit dem Selbstmitleid.

Vorsatz Nummer 2: Ich übernehme Verantwortung für mich, also dafür, wie ich mich fühle und wie es mir geht, für meine Entscheidungen, für mein Tun und mein Unterlassen und für mein Leben.

Vorsatz Nummer 3: Ich versuche, mich von meinen Abhängigkeiten zu lösen, wie diese auch immer aussehen.

Ich und die anderen

Mit sich selbst auszukommen, ist eine Sache, mit sich selbst im Zusammensein mit anderen auszukommen, eine ganz andere.

Wenn wir mit den Wünschen und Erwartungen anderer konfrontiert werden, stellen wir unsere eigenen Bedürfnisse oft vorschnell zurück. Dafür erwarten wir dann aber im Gegenzug oft viel zuviel vom anderen.

Für ein gelungenes Miteinander ist die Aussöhnung mit sich selbst die beste Basis, denn nur wer sich selbst annimmt, kann überhaupt Zuneigung von anderen annehmen.

Vom Mut, man selbst zu sein

Auch im Zusammensein mit anderen beginnt der Weg wieder bei uns selbst.

Solange wir fürchten, dass andere uns ablehnen könnten und nicht liebenswert finden, können wir nicht wirklich die sein, die wir sind. Wir müssen erst lernen, uns selbst anzunehmen und uns liebenswert zu finden, damit wir glauben können, dass andere uns mögen.

»Wenn ich mich selbst genügend achte und mir vertraue, um wirklich ich selbst zu sein, werden andere mir mit Vertrauen und Achtung begegnen.«

JOHN STEVENS

Grenzen setzen

»Es gibt Dinge, die du niemals hinnehmen darfst.«

William Faulkner

Mir selbst ein guter Freund zu sein heißt auch, für mich einzustehen. Manchmal gilt es, Grenzen zu setzen.

Ich darf mein Wohl auch mal über das anderer stellen, denn ich bin ebenfalls wichtig. Ich darf nein sagen, wenn ich etwas nicht tun will. Ich darf andere darauf hinweisen, wenn ich mich ungerecht behandelt fühle. Ich darf gehen, wenn ich das möchte.

Ich darf gut für mich sorgen.

Aufhören, Gedanken lesen zu wollen

Viele Menschen, die dazu neigen, sich selbst negativ zu sehen, interpretieren das Verhalten anderer grundsätzlich gegen sich:

»Die lacht mich aus.«

»Der ist total genervt von mir.«

»Die finden mich doof.«

Niemand aber kann Gedanken lesen! Oft interpretieren wir das Verhalten aus dem Blickwinkel unserer Selbstsicht, und die ist leider häufig negativ. Hier mal umzudenken, schenkt uns neue Interpretationsmöglichkeiten:

»Die findet mich witzig.«

»Er ist mir gegenüber nur unsicher.«

»Für die bin ich anders als erwartet.«

Mit Verlustängsten umgehen

Für sich selbst einzustehen kann Angst machen. Wenn wir nicht mehr nur nach der Pfeife der anderen tanzen, sondern auch unsere eigenen Bedürfnisse berücksichtigen, wird das nicht jedem gefallen. Aber was ist eine Beziehung wert, die damit bezahlt wird, dass wir dauerhaft zulassen, dass es uns nicht gut geht? Dass wir nicht gesehen, nicht beachtet werden? Dass man auf uns keine Rücksicht nimmt?

Eine solche Beziehung ist keine gute Beziehung, keine, die uns guttun kann. Eine solche Beziehung ist eine, auf die wir verzichten können – und sollten.

Mit anderen Ansichten umgehen

Sich einmal ganz bewusst klarmachen: Wir dürfen unsere eigene Meinung haben, wir dürfen die Dinge anders sehen. Wir müssen nicht jeden Vorwurf, nicht jede Kritik von anderen annehmen und uns danach richten. Es steht uns zu, unsere eigenen Ansichten zu entwickeln und sie zum Ausdruck zu bringen.

Solange wir bereit sind, anderen zuzuhören und unser Verhalten zu reflektieren, laufen wir dabei nicht Gefahr, selbstgerecht zu werden.

Indem wir uns selbst erlauben, unsere eigenen Überzeugungen zu vertreten, können wir genau das auch anderen leichter zugestehen. Und dann werden wir merken, dass uns selbst mit denen, die die Welt ganz anders sehen als wir, einiges verbinden kann.

Sich hinterfragen, aber nicht in Frage stellen

In Beziehungen zu anderen Menschen geht es darum, die eigenen Anteile an Konflikten, Streitigkeiten und Auseinandersetzungen zu erkennen. Zu schauen, wo man vielleicht ungerecht war, wann man die Bedürfnisse des anderen zu wenig beachtet hat oder ob die eigenen Erwartungen an den anderen zu hoch sind.

Es gilt, bereit zu sein, das eigene Verhalten zu hinterfragen, aber es geht nicht darum, sich selbst als Person und Mensch in Frage zu stellen.

An einer Beziehung sind immer mindestens zwei beteiligt und nie ist nur einer schuld, wenn etwas schiefläuft.

Sich selbst treu sein

Ab sofort darauf achten, sich selbst treu zu bleiben, denn nur dann verraten wir nicht länger unsere Werte, also das, was uns wesentlich ist.

Es kostet ein bisschen Mut, auch mal eine Anfrage abzulehnen, weil wir merken, dass sie dem widerspricht, was wir tun möchten, aber es lohnt sich, um im Frieden mit sich selbst zu bleiben.

Wichtig ist nur, bei der Absage die anderen nicht herabzusetzen – sie haben ihre Werte, so wie ich meine habe. Ich will nicht bewerten, ich will nur nach meinen Werten leben dürfen.

Auf sich selbst hören

»Ich will auf mich hören und nicht auf die anderen.«

GERTRUDE STEIN

Wer sich selbst näherkommt, lernt auch, zu seinen Eigenheiten zu stehen. Nicht mehr länger das Fähnchen nach dem Wind zu richten, nur um gute Stimmung zu machen und niemanden zu verärgern.

Lernen, die eigenen Gefühle wahr- und ernst zu nehmen. Schließlich sind wir es, die mit unseren Entscheidungen leben müssen. Auf andere zu hören, entlässt uns nicht aus der Verantwortung für das, was wir tun.

Hier hilft es, sich selbst möglichst nahe zu sein, denn wer mit sich in Kontakt ist, kann auch besser auf sich selbst hören.

Zwischenmenschliche Bilanz

Auch wenn Beziehungen nicht wie eine Geschäftsverbindung zu bewerten sind, ist es wichtig, hin und wieder Bilanz zu ziehen. Wer immer nur gibt und nur wenig bekommt, brennt irgendwann aus.

Jede Beziehung zu anderen Menschen sollte in der Summe ein gegenseitiges Geben und Nehmen sein – nicht 1:1 gemessen, aber in der Gesamtsicht.

Deshalb einfach mal innehalten und nachfühlen, wer einem alles in der Summe ein gutes Gefühl schenkt und wer eher nicht. Manchmal müssen Wege sich auch trennen.

Wer tut mir gut – wem tue ich gut?

Menschen können einander anstecken – im Guten wie im Schlechten.

Ein missgünstiger Mensch kann andere missgünstig werden lassen. Ein schlecht gelaunter Mensch kann für schlechte Laune bei allen anderen sorgen. Ein aggressiver Mensch kann für eine aggressive Grundstimmung sorgen.

Ein fröhlicher Mensch hingegen kann andere fröhlich machen. Ein zuversichtlicher Mensch kann anderen Hoffnung schenken. Ein begeisterter Mensch kann andere mitreißen.

Wofür entscheide ich mich?

Glück durch Geben

Wenn wir nicht ständig damit beschäftigt sind, an uns selbst zu zweifeln und mit uns zu hadern, können wir ausprobieren, wodurch sich Glück erreichen lässt.

- Anderen etwas Gutes zu tun, ist z. B. ein schöner Weg.
- Für sie da zu sein, wenn sie uns brauchen.
- Zu helfen, auch ohne Lohn oder Dank, einfach nur im Hintergrund.
- Mithelfen, dass jemand ein Ziel erreicht.
- Jemandem einen Wunsch erfüllen.

»Glück stellt sich ein, wenn man andere glücklich macht.«

GRETTA BROOKER PALMER

Den Austausch suchen

Einsamkeit tut kaum jemandem auf Dauer gut. Der Mensch ist ein soziales Wesen. Wir sehnen uns nach Austausch, nach Gesprächen, danach, reden und zuhören zu können. Darum:

- ausreichend Zeit für Gespräche mit dem Partner freihalten,
- den Eltern zuhören,
- mit Kindern sprechen,
- Freunde suchen und Freundschaften pflegen,
- eine Gesprächsrunde ins Leben rufen,
- Menschen treffen, die das eigene Hobby teilen,
- Menschen suchen, die das gleiche Problem zu bewältigen haben,
- sich qualifizierte Ansprechpartner suchen, wen man nicht weiterkommt.

Komplimente genießen

Wie reagieren Sie, wenn Ihnen jemand ein Kompliment macht? Wischen Sie es vom Tisch? Halten Sie es für geheuchelt? Denken Sie so etwas wie »Der kennt mich nicht wirklich«?

Daran, wie wir mit Komplimenten umgehen, können wir gut erkennen, wie es um unser Selbstwertgefühl bestellt ist. Wer sich selbst mag, freut sich über Komplimente. Er sieht in ihnen ein Geschenk, ob sie nun zutreffen oder nicht.

Komplimente sind nette Gesten – und wenn sie auch noch stimmen, tun sie einfach nur gut.

Nähe zulassen

Wieviel Nähe wir zulassen können, hat viel damit zu tun, wie nahe wir uns selbst sind.

Wer sich selbst meidet, wer sich und seinen Körper nicht leiden mag, wird Schwierigkeiten haben, die Nähe eines anderen Menschen anzunehmen. Wer in der Umarmung denkt »Ich bin zu dick«, wird die Nähe zum anderen nicht spüren, sondern nur die eigenen Zweifel.

Um Nähe zu erleben, müssen wir uns selbst annehmen.

Vertrauen schöpfen

Anderen zu vertrauen bringt uns in die Gefahr, enttäuscht zu werden. Ohne Vertrauen aber finden wir keine Nähe, kein echtes Miteinander.

Vertrauen ist immer ein Vorschuss. Es gibt keine Sicherheit dafür, dass unser Vertrauen nicht missbraucht wird.

Was uns hilft, ist Selbst-Vertrauen und zwar in dem Sinne, dass wir im Falle einer Enttäuschung für uns da sein werden und gut für uns sorgen können.

»Welche Einsamkeit ist einsamer als Misstrauen?«

GEORGE ELIOT

Sich zeigen

Was passiert, wenn wir andere hinter unsere Fassade schauen lassen? Hinter den schönen Schein?

Ob sie uns auch dann noch mögen?

So, wie wir wirklich sind?

Die Angst vor dem Verlassenwerden kennt wohl jede/r, aber wer um seiner selbst willen geliebt werden möchte, kommt nicht darum herum, sich anderen zu zeigen.

»Beziehungen sind nur so lebendig wie die Menschen, die an ihnen beteiligt sind.«

Donald B. Ardell

Der Anfang der Liebe

Nur wer sich liebt, kann auch andere lieben. Wer sich selbst nicht liebt, hat fast immer auch Zweifel daran, ob andere dazu in der Lage sind.

Aus dem Bedürfnis heraus, nicht verletzt zu werden, tun wir uns selbst weh, indem wir uns für nicht liebenswert halten. Wir sprechen den anderen ab, uns lieben zu können – und bekommen damit letzten Endes leider Recht.

Liebe fängt bei uns selbst an.

Ich hab noch viel vor

Sich selbst ein guter Freund zu sein heißt auch, dafür zu sorgen, dass man zufrieden ist. Zufrieden mit dem eigenen Leben, mit dem, was man tut, mit dem, was man erreicht.

Ist man es nicht, sollte man dafür sorgen, dass man es wird.

So wie wir versuchen würden, den Menschen, die wir lieben, etwas zu ermöglichen, das sie sich wünschen, sollten wir auch daran arbeiten, selbst das zu bekommen, wonach wir uns sehnen.

Sich dem Leben stellen

Wir müssen uns unser Leben nicht verdienen, aber wir sind aufgerufen, es zu nutzen. Stellen wir uns ihm also, und leben wir es wirklich.

Dieses Leben ist ein Geschenk, unsere Zeit hier begrenzt. Sie vergeht, unabhängig davon, ob wir unser Leben nutzen oder nicht. Warum also nicht das Beste daraus machen?

Authentisch leben

Je wichtiger wir uns selbst nehmen, desto wichtiger wird es uns werden, authentisch zu leben.

Authentisch zu leben heißt, ein Leben zu führen, das der eigenen Person nicht nur entspricht, sondern in dem sich die Persönlichkeit ausdrücken, weiterentwickeln und entfalten kann. Es geht darum, die eigenen Sehnsüchte, die eigenen Potenziale zu erkennen und herauszufinden, was uns in unserem tiefsten Kern glücklich und zufrieden machen kann.

Kurz: Das zu finden, wofür es sich wirklich zu leben lohnt.

Bestandsaufnahme

Einmal einen Blick auf das eigene Leben werfen und schauen:
– Was läuft gut?
– Was läuft nicht so gut?
– Wo bekomme ich Energie?
– Wo wird mir Energie genommen?
– Was von dem, was ich tue, macht mir Spaß und macht mich zufrieden?
– Was macht mich unzufrieden?
– Wovon möchte ich mehr in meinem Leben?
– Wovon weniger?

Ein Geschenk

Schenken Sie sich ab und zu die sogenannte »Wunderfrage«:

»Angenommen, es würde ein Wunder geschehen und all meine Probleme, meine Bedenken, meine Zweifel und Schwächen würden verschwinden, angenommen alles, einfach alles wäre möglich, wie würde mein Leben dann aussehen?«

Verlieren Sie Ihre Antworten auf diese Frage nicht aus den Augen.

Wahrnehmen, was möglich ist

Sich einmal klarmachen, dass man nicht in
dem verharren muss, was einem nicht guttut,
sondern dass man ganz viel im Leben ändern
kann – und das unabhängig vom Alter.

Es ist nie zu spät, ein Projekt anzugehen,
das einen schon immer gereizt hat oder sich
an die Erfüllung einiger Träume zu machen
oder etwas Neues zu lernen.

Im Weg stehen wir uns meist nur selbst. Der
Schlüssel ist, sich selbst etwas zuzutrauen.

Grenzen verschieben

Mit dem, von dem wir glauben, dass es für uns möglich ist, stecken wir uns selbst das Gebiet ab, in dem wir leben. Manch einer setzt die Grenzen weit und hat viel Raum, ein anderer setzt sie eng und sperrt sich auf diese Weise selbst ein.

- Weiß ich, wo meine Grenzen sind?
- Warum bin ich mir so sicher, dass es sich dabei wirklich um Grenzen handelt?
- Könnte es nicht auch sein, dass ich nur glaube, dass es dort nicht weitergeht?
- Was, wenn ich mir für einen Moment vorstellen würde, es gäbe dort keine Grenze – was wäre dann möglich?
- Könnte es sich lohnen, die eine oder andere gedachte Grenze zu verschieben?

Sich selbst vertrauen

Wer sich selbst etwas zutraut, kann sein Leben aktiv gestalten. Wer an sich zweifelt, kann mit ganz kleinen Schritten beginnen, um Erfolgserlebnisse zu sammeln. Wer es allerdings gar nicht erst versucht, wird sich in seinen Selbstzweifeln ständig bestätigen.

Schenken Sie sich einen kleinen Vertrauensvorschuss und beweisen Sie sich, dass Sie ihn wert sind.

»Nichts kann den Menschen mehr stärken als das Vertrauen, das man ihm entgegenbringt.«

Adolf von Harnack

Diese Aussage gilt auch für uns selbst!

Träume wagen

Viele Menschen wagen nicht zu träumen, weil sie fürchten, enttäuscht zu werden: »Lieber nicht zu viel erwarten, das erspart Enttäuschungen.«

Was für eine traurige Einstellung. Seien Sie es sich wert, etwas für sich zu fordern. Auch wenn nicht jeder Traum erfüllbar ist, können wir alle dafür sorgen, uns Teile von dem zu ermöglichen, wonach wir uns sehnen.

Träume wagen, angehen und erfüllen – was gibt es Schöneres im Leben?

»Beschränkte Erwartungen führen zu beschränktem Erfolg.«

Susan Laurson Willig

Träume ernst nehmen

»Das sind doch nur Träume« – mit solch einem Satz wischen wir rasch vom Tisch, wonach unser Herz sich sehnt. Viel schöner ist es, wenn wir uns selbst beim Träumen zuschauen, denn in unseren Träumen zeigen sich unsere Sehnsüchte. Unser potenzielles Glück.

Warum sollten Träume nur Träume bleiben? Nicht alles ist so fern, wie man glaubt. Tatsächlich lässt sich viel mehr erreichen, als wir ahnen – wir müssen es nur angehen.

»Zwischen unseren Träumen und Plänen finden wir unsere Möglichkeiten.«

Sue Atchley Ebaugh

Meine Wunschliste

Mal überlegen (am besten schriftlich):

Wenn ich drei Wünsche frei hätte, ... – welche wären das?

Wenn ich zehn Wünsche frei hätte, ... – welche wären das?

Und wenn ich hundert Wünsche frei hätte, ... – welche wären das?

Wunschlisten haben ein offenes Ende!

Was wirklich zählt

Aus all den Möglichkeiten, die wir haben, das auswählen, was besonders wichtig für uns ist.

Wenn ich noch ein Jahr zu leben hätte, was würde ich auf jeden Fall angehen?

Wenn ich heute sterben müsste, was würde ich bereuen, nicht getan zu haben?

Wenn ich nur noch ein einziges Vorhaben verwirklichen könnte, für welches würde ich mich entscheiden?

Gerade in den schwierigen Fragen steckt oft die größte Erkenntnischance.

Ziele bringen weiter

Wenn Wünsche und Träume wahr werden sollen, müssen wir Ziele aus ihnen machen.

Ziele sind konkret: Was nehme ich mir bis wann vor und wie stelle ich sicher, dass ich es erreiche?

Ziele sollten schriftlich formuliert werden, dann haben sie mehr Gewicht.

Und am besten kündigen wir unsere Ziele auch an, denn wenn andere gelegentlich nachfragen, können wir sie nicht so leicht aus den Augen verlieren.

Gut planen

Wer Ziele verfolgt, sollte sich im Vorfeld überlegen:
- Was könnte mich an der Umsetzung meiner Ziele hindern?
- Welche Probleme können auftauchen?
- Welche Widerstände – bei mir selbst und bei anderen – muss ich erwarten?

Und was kann ich schon heute tun, damit ich trotz allem dranbleibe?
- Wer kann mir bei der Umsetzung meiner Ziele helfen?
- Wo kann ich mir Rat suchen?
- Wo finde ich Unterstützung?
- Wo gibt es Menschen, die vielleicht etwas ganz Ähnliches vorhaben?

Nägel mit Köpfen machen

Nicht darüber nachdenken.
Nicht versuchen. Nicht probieren.
Tun!

Die Lust des Ausprobierens

»Wer Angst hat, etwas auszuprobieren, wird zum Sklaven seiner selbst.«

Leonard E. Read

Viele Menschen glauben, dass sie erst dann etwas angehen dürfen, wenn sie sich sicher sind, dass es auch das Richtige für sie ist, denn sie verbieten sich, etwas abzubrechen. Tatsächlich aber müssen wir erst vieles ausprobieren, um zu wissen, was gut für uns ist, was uns wirklich gefällt und was tatsächlich Sinn für uns macht.

Das Leben bietet unendlich viele Möglichkeiten – legen wir los!

Das größte Projekt …

Das größte Projekt für unser Leben dürfte
darin liegen, Schritt für Schritt immer mehr
zu uns selbst zu finden. Zu unserer eigenen
Identität. Unserem Kern.
  Wir selbst zu werden.

»Die größte Gefahr, jene, sich selbst zu verlieren, kann in der Welt so geräuschlos sein,
als wäre es gar nichts. Kein Verlust kann so
still geschehen; jeder andere, der eines Arms,
eines Beins, von fünf Reichstalern, einer Gat-
tin usw., wird doch bemerkt.«

SÖREN KIERKEGAARD

»Ich bin ein Meister, der übt.«

JWALA

Weitere Inspirationen, Anregungen, praktische Tipps und Übungen finden Sie auch in dem Online-Ratgeber »Zeit zu leben«, den ich zusammen mit meinem Mann herausgebe – im Internet unter:
http://www.zeitzuleben.de

Sie können mir auch gerne schreiben:
Tania Konnerth
Bei der Schule 1
29575 Altenmedingen OT Bohndorf
E-Mail: tk@taniakonnerth.de

Die Quellen der Zitate habe ich mit großer Sorgfalt recherchiert. Dennoch sind Fehler leider nicht ganz auszuschließen. Sollten Sie andere als die von mir angegebenen Autorenangaben haben, freue ich mich ebenfalls, von Ihnen zu hören.